AF253649

ESSAI

D'ORGANISATION DÉFENSIVE

DU

TERRITOIRE DE LA FRANCE

ÉTUDE D'ENSEMBLE

PAR L. AMPHOUX

PARIS

LIBRAIRIE MILITAIRE DE L. BAUDOIN

IMPRIMEUR-ÉDITEUR

30, Rue et Passage Dauphine, 30

1892

ESSAI

D'ORGANISATION DÉFENSIVE

DU

TERRITOIRE DE LA FRANCE

ÉTUDE D'ENSEMBLE

PAR L. AMPHOUX

PARIS

LIBRAIRIE MILITAIRE DE L. BAUDOIN

IMPRIMEUR-ÉDITEUR

30, Rue et Passage Dauphine, 30

1892

ESSAI D'ORGANISATION DÉFENSIVE

DU TERRITOIRE DE LA FRANCE.

ÉTUDE D'ENSEMBLE.

I.

CONSIDÉRATIONS GÉNÉRALES. — EXPOSÉ DU SYSTÈME.

Deux traits nettement tranchés caractérisent la structure géologique de la France.

Au milieu du pays, entre le Rhône, la Loire et la Garonne, surgit un plateau de roches primitives couronné de volcans depuis longtemps éteints. De cette protubérance granitique, les eaux s'égouttent et fuient vers tous les points de l'horizon.

En opposition, le sol, déprimé au nord, présente un évasement à peu près circulaire où la Seine et les rivières secondaires ont creusé leurs lits. Descendant au travers des assises que la nature a déployées en gradins concentriques, ces courants se rapprochent et affluent au milieu de la ligne diamétrale figurée par la vallée de l'Yonne et par celle de la basse Seine. Le Loing, l'Yonne, la Seine, l'Aube, la Marne et l'Oise dessinent les rayons d'un éventail dont le bord supérieur touche aux bassins de l'Escaut, de la Meuse, annexe de celui du Rhin, du Rhône et de la Loire. Il n'existe entre ces vallées, entre ces bassins, aucune ligne de faîte infranchissable; de libres communications ont donc pu s'y établir dans tous les sens.

« En comparant le bassin de Paris et les hautes terres du Limousin, de la Marche et de l'Auvergne, Élie de Beaumont et

Dufrénoy ont pu dire justement que la première de ces deux régions est le pôle positif, et la seconde le pôle négatif de la France. Sous une autre forme, l'idée des illustres géologues ne ne diffère point de celle des physiologistes. Pour ceux-ci, la solide ossature du grand organisme français a son point d'appui dans le plateau central et le système circulatoire vient converger vers le milieu du bassin de la Seine [1]. »

La disposition générale du territoire ramassé dans un octogone aux côtés à peu près égaux et les fortes saillies du pourtour (Pyrénées, Alpes, Jura, Vosges, Ardennes), inclinant leurs pentes vers l'intérieur du pays, favorisent cet effet de convergence. La carte des voies de communication en est la saisissante image. Elle les représente concourant toutes vers un même point autour duquel les mailles du réseau apparaissent de plus en plus serrées. C'est le cœur du pays; c'est l'emplacement de sa capitale.

Par une circonstance géologique digne de remarque, cet organe régulateur n'est point situé au centre de figure; il est plus proche des régions les moins accidentées, les plus accessibles du dehors, où son influence doit, par suite, se faire sentir avec une plus grande énergie. Mais toutes les parties du territoire s'y rattachent et en reçoivent l'impulsion; soumises à cette action puissante, elles se pondèrent, s'enchaînent, et constituent l'un des organismes les mieux équilibrés et les plus homogènes du continent européen.

On dit que cette pondération des éléments géographiques de la France et leur subordination naturelle à un centre commun d'attraction sont des causes essentielles de son unité physique et de son unité morale. D'autres contrées ont des contours plus précis, des formes en apparence mieux arrêtées, aucune n'atteint encore à un pareil degré d'homogénéité et de cohésion. Ces mêmes causes font également son unité stratégique.

Envisagé à ce point de vue, l'ensemble du territoire ne constitue qu'un seul théâtre de guerre embrassant trois théâtres d'opération, dont un principal et deux subordonnés.

Le plus important, au nord, comprend le bassin de la Seine, avec ses annexes géographiques et historiques, les vallées de la

---

[1] E. RECLUS, *Géographie.*

Loire, de la Saône, de la Meuse et de l'Escaut. Il a pour limite extérieure le Jura, les Vosges, les Ardennes, la mer du Nord, la Manche, l'Océan atlantique, et pour base la ligne d'eau tracée diamétralement de la source de l'Yonne à l'embouchure de la Seine. Il fait face directement à l'Europe centrale et à l'Angleterre.

Le deuxième au sud-est est circonscrit au bassin inférieur du Rhône. Il a pour limite les Alpes et la Méditerranée, pour base le cours inférieur du Rhône. Il est opposé à l'Italie seule et ne communique avec la région du Nord que par le défilé de Lyon et le couloir de la Saône. Le danger d'invasion est donc moindre de ce côté. En admettant même l'hypothèse d'une ligue italo-allemande, les opérations n'y affecteraient pas un caractère essentiel.

Le troisième au sud-ouest s'étend sur le bassin de la Garonne. Il a pour limite la Méditerranée, les Pyrénées et l'Océan atlantique ; pour base, la Garonne et le Canal du Midi. Faisant face à l'Espagne isolée du continent, étant séparé de la région du Nord de toute l'épaisseur du plateau central, il remplit le moindre rôle dans la défense du pays.

Tous trois confinent au plateau central, qui est leur borne angulaire.

L'organisation défensive doit reproduire exactement les traits qui donnent à la constitution du pays un caractère si particulier d'unité. Elle doit présenter un noyau qui serve d'appui à un réseau de postes correspondant aux grandes lignes du réseau circulatoire et favorisant, comme celui-ci, les relations que la nature a établies entre les théâtres d'opérations. Cette armature, recouvrant la portion centrale du territoire, fournira à son tour une base à chacune des grandes régions et supportera l'appareil défensif qui lui est propre. Comme les éléments géographiques, ainsi s'enchaîneront et se subordonneront les éléments du système.

Dans cette étude, dont l'objet est la recherche de l'unité de la défense, on ne s'occupera que des deux premiers. Ils constituent, pour ainsi dire, l'infrastructure sur laquelle repose le troisième élément établi à la périphérie du territoire. Celui-ci comprend les points fortifiés des frontières terrestres et maritimes, rattachés à l'ensemble sans doute, mais dont l'emplacement est plutôt subordonné à des considérations de défense locale et dont le choix ne rentre pas, en conséquence, dans le cadre de cet essai.

II.

PREMIER ÉLÉMENT DU SYSTÈME DÉFENSIF. — PLATEAU CENTRAL. — SEUILS ET VOIES INTERNATIONALES. — CLÉS DU PAYS.

Relevé en forme de triangle, le plateau du centre de la France oriente ses saillants vers Chalon-sur-Saône, vers Montpellier et vers Poitiers, en regard des portions concaves du périmètre. Il resserre la zone sous-jacente contre le Jura à l'est, la Méditerranée au sud, l'Atlantique à l'ouest, n'y laissant que des seuils par où se joignent deux à deux les théâtres d'opérations.

Ces trois seuils sont traversés par les routes les plus importantes, notamment les voies internationales conduisant de l'Europe centrale en Italie et en Espagne, et de l'Espagne en Italie. Frayées par les migrations primitives, elles ont servi de tout temps aux mouvements du commerce et de la guerre. Elles seront toujours suivies par les armées dont les éléments fondamentaux, l'homme et le cheval, n'ont pas varié. Parcourues par les fantassins et les cavaliers d'autrefois, elles s'ouvriront encore aux fantassins et aux cavaliers modernes ainsi qu'à leurs chariots, parce qu'en dépit des progrès de la viabilité, ces routes naturelles restent les plus commodes et les plus sûres.

Elles enveloppent le plateau central et rattachent tous les chemins qui en descendent à ceux des plaines environnantes. Aux nœuds de rattachement s'élèvent des cités historiques, de grandes et antiques villes, maîtresses des débouchés d'amont et d'aval. Situées à la fois à la lisière du plateau et aux confluents des principaux cours d'eau, elles sont destinées à jouer un rôle prépondérant dans les opérations militaires. Leur intervention s'y manifeste dès le début, quand il s'agit de grouper les forces et de garnir les frontières; elle y devient toute-puissante quand il faut disputer le terrain en deçà et, à la fin, soutenir avec les dernières réserves le choc suprême de l'ennemi. Elle est constante, générale, essentielle; elle peut être décisive. Cette propriété qui doit caractériser les grandes places d'armes, appartient principalement aux villes placées aux points de croisement des voies internationales et aux seuils de communication ou dans le voisinage de ceux-ci. Qui en est maître commande une vaste étendue de pays et possède des ressources de toute nature.

C'est pour ce motif que Paris, Dijon et Lyon ont été fortifiés. A Paris, le faisceau des routes se dédouble pour embrasser le plateau central. Dijon et Lyon sont sur la branche orientale et ferment le passage de la région du Nord à celle du Sud-Est. Ces deux places se relient par des voies directes à Montpellier, Toulouse, Clermont-Ferrand, Bourges, Orléans, Langres, Belfort, Besançon et Grenoble.

Jusqu'à présent, ce sont les seuls obstacles préparés sur ces lignes magistrales. On n'en peut évidemment pas fortifier même tous les points importants, mais encore faudrait-il au moins garder les seuils.

Des faits récents corroborant les enseignements du passé ont montré l'intérêt attaché à la défense de l'entrée septentrionale de la région du sud-ouest. Après avoir envahi le théâtre d'opérations du Nord, l'ennemi, à la fin du mois de janvier 1871, concentrait ses forces sur la Loire, dans la direction de Poitiers et de Bordeaux. Il serait téméraire de ne pas prévoir qu'une lutte nouvelle dût amener les mêmes incidents et peut-être même, ainsi que cela s'est déjà vu, englober avec le bassin de la Seine, ceux du Rhône inférieur et de la Garonne. L'Italie nous est notoirement hostile, et l'Espagne, dont les forces se réorganisent, appelle notre attention..

Nul n'a fixé encore de limite à l'accroissement des armées et de leurs moyens d'action, ni à l'étendue de la lice. Les créateurs des fortifications de Paris en 1840 croyaient qu'aucune puissance ne serait individuellement capable de pousser sous les murs de ce camp retranché les forces nécessaires pour l'assiéger et soutenir en même temps le choc des armées de secours. Les hommes de 1870-71 ont vu la réalisation du blocus de Paris effectué par une armée allemande sous la protection de trois autres armées de même nationalité opérant dans la vallée de la Somme, dans la vallée de la Loire et dans celle de la Saône. Par l'ampleur des moyens, par l'étendue, la variété et la soudaineté des conceptions, cette période de la campagne est une des plus remarquables et, pour les Français, une des plus instructives. C'est, à notre avis, celle où le maréchal de Moltke a déployé avec le plus d'éclat les qualités qui l'égalent aux grands capitaines. Et pourtant l'état-major prussien s'estime en état de réaliser de plus vastes projets. Il ne faut pas que l'avenir nous surprenne et nous fasse regretter le dédain de pareils avertissements. Du côté du Rhône, comme du côté de la Loire, il importe de garder l'entrée des théâtres d'opérations, de fortifier les villes qui en défendent l'accès et qui sont les clés du pays.

L'une de ces villes est Tours. La voie ferrée de Paris à Bordeaux et Bayonne y franchit la Loire, et d'autres lignes en rayonnent vers Limoges, Clermont-Ferrand, Bourges, Vendôme, Le Mans, Nantes, Brest et Rochefort. L'autre est Tarascon-Beaucaire où le chemin de fer de Bordeaux—Toulouse—Cette, trait d'union des lignes espagnoles débouchant par Bayonne et Perpignan, rencontre après la traversée du Rhône la grande ligne de Paris à Marseille—Toulon—Nice. Là viennent aussi se croiser des voies ferrées conduisant à Limoges, Clermont, Lyon (rive droite), Grenoble, Briançon et Grasse. Appuyées au plateau central, les places de Tours, Dijon, Lyon et Tarascon-Beaucaire font, avec lui, un bloc qui offre à la défense une assiette large et compacte. Elles constituent le premier élément du système défensif dont le second sera fourni par l'étude des théâtres d'opération.

III.

SECOND ÉLÉMENT DU SYSTÈME DÉFENSIF. — POINTS PRINCIPAUX FORMANT AVEC LES PRÉCÉDENTS L'ARMATURE INTÉRIEURE.

Théâtre d'opérations du Nord. — C'est la moitié du territoire; la limite méridionale peut en être tracée de l'embouchure de la Charente à la source du Doubs.

La partie centrale en est presque entièrement occupée par le bassin de la Seine, dont on connaît la forme en cuvette, ainsi que la disposition rayonnante des cours d'eau. Des autres courants extérieurs à ce bassin, les uns tels que la Loire, la Saône et la Meuse sont tangents à la ceinture, les autres tels que la Somme, l'Escaut et la Sambre s'écoulent dans une direction perpendiculaire.

Des canaux prolongeant les affluents de la Seine et franchissant la ligne de partage, unissent le fleuve à la mer du Nord par l'Escaut, la Sambre et la Meuse ; à la Méditerranée par la Saône ; à l'Atlantique par la Loire. Ce sont les avenues qui ouvrent à Paris les débouchés vers les contrées lointaines.

Dans ce pays dont le relief général est émoussé, les lignes d'eau tiennent le premier rang parmi les accidents du sol. Elles donnent au terrain sa physionomie et aux localités leur valeur. Les monts, de médiocre altitude, ne présentent pas d'obstacle continu : sur le pourtour les montagnes de l'Auvergne, du Morvan, du Jura, des Vosges et des Ardennes s'élèvent en massifs isolés ; des coupures entaillent le mur de la Côte-d'Or, du plateau de Langres et des monts Faucilles ; à l'intérieur, les eaux ont ébréché et rasé même les crêtes, d'ailleurs peu saillantes. Vers la source du Loing, la nature a si bien aminci et aplani le faîte de partage entre la Loire et la Seine, qu'on a pu aisément y creuser un canal, le plus ancien du pays ; elle a imprimé au cours de chacun des deux fleuves une direction telle que ce canal paraît être le déversoir des eaux de la vallée supérieure de la Loire dans le lit inférieur de la Seine.

Les linéaments orographiques apparaissent donc comme disloqués ; mais si l'on suit les courants, l'impression est tout autre. Les traits s'agencent, se coordonnent et se nouent dans un ensemble qui frappe les yeux les moins prévenus. On dirait un lacis régulier de canaux alimentés par une artère médiane commune et aboutissant à une bordure dont le circuit, dessiné sans interruption par la Loire, le canal du centre, la Saône, le canal de l'Est et la Moselle, le canal de la Marne au Rhin, la Meuse, le canal des Ardennes, l'Aisne, l'Oise, le canal Crozat et la Somme, est fermé par l'Océan.

De cette même bordure partent des ramifications qui font communiquer le réseau avec les mers baignant la France au nord et au midi. Si quelques mailles peuvent être brisées sans trop de dommage, il n'en est pas de même de la médiane et de la bordure. Leur rupture compromet la solidité de l'ensemble et la sécurité des communications intérieures et extérieures.

C'est donc là que doit porter le principal effort de la défense. Et, en réalité, ce sont les seuls endroits où les obstacles s'enchaînent, pour ainsi dire, et offrent, par l'association des lignes d'eau et des lignes de crêtes, une barrière continue.

Bordure. — Voici d'abord la Loire avec son large lit, ses

sables mouvants et ses crues subites. C'est un fossé creusé à travers de vastes plateaux dont l'horizon est voilé par des rideaux d'arbres.

Puis la Saône communiquant par le canal du centre avec la Loire; par celui de l'Est, avec la Meuse. Rivière paisible, elle doit moins sa force à la grandeur de son lit et à la vitesse de son courant qu'aux montagnes qui encadrent sa vallée : à l'est, le Jura; au nord, les Vosges et les Faucilles; à l'ouest, le plateau de Langres et la Côte-d'Or.

La Meuse, qui vient ensuite, n'a pas un lit profond et large comme la Loire, ni une ceinture de hauteurs pareille à celle de la Saône. Sa vallée est étroite, son volume d'eau insuffisant, ses berges de médiocre élévation. Mais l'amalgame de tous ces traits forme un bourrelet résistant. Avec la Haute-Moselle [1] rattachée à la Meuse par la courbe de Toul, avec la Meuse, l'Aire et l'Aisne doublées de canaux et encadrées par les Faucilles, les Côtes de Meuse et les Argonnes, on constitue une zone défensive.

Elle se rétrécit au delà et se réduit à la rigole du canal des Ardennes et de l'Aisne.

Les massifs de Craonne et de Saint-Gobain la continuent entre l'Aisne et l'Oise.

Ensuite, jusqu'à la mer, elle ne consiste qu'en une simple ligne d'eau formée par le canal Crozat et la Somme.

Médiane. — La médiane est marquée par la vallée de la basse Seine et par celle de l'Yonne. Tracée au fond même du bassin de Paris, elle n'offre, depuis les montagnes du Morvan jusqu'à la mer, aucune saillie notable. L'Yonne coule presque en droite ligne; la Seine développe ses méandres au sein de grands plateaux crayeux, échancrés par ses affluents. Les vallées de ceux-ci, animées par l'eau courante, égayées par la verdure du saule, du peuplier et de l'aulne, limitent de vastes plaines qui, aux approches de la capitale, se couvrent de bois étendus, de grands parcs, de nombreuses habitations. A l'est, les vallées (haute Seine, Marne, Oise, Epte) s'ouvrent perpendiculairement à la médiane; à l'ouest, au contraire (Loing, Essonne, Eure) leur direction générale y est parallèle.

---

[1] *Paris et la Frontière nord-orientale.*

Tandis que la bordure, dans son long développement circulaire, se partage en plusieurs fronts d'inégale force et d'inégale valeur, la médiane plus courte entre l'estuaire de la Seine et les ramifications du Morvan, n'en présente qu'un seul dont les abords sont semés d'obstacles. Elle divise, en outre, le théâtre d'opérations en deux compartiments qu'elle isole comme un écran, circonstance favorable dans le cas où l'accession de l'Angleterre à la triple alliance donnerait à la coalition la possibilité de menacer les contrées situées à l'ouest de Paris.

La bordure et la médiane sont les zones de la défense fixe. Concentriquement à la bordure et de part et d'autre de la médiane s'étend la zone de la défense mobile, le terrain des manœuvres, des retraites ou des retours offensifs[1]. Ce terrain n'est pas dépourvu d'obstacles ; on y rencontre : 1º les cours d'eau qui le découpent en secteurs ; 2º une ligne de coteaux qui, franchissant la Seine au confluent du Loing, remonte le long de la rive droite du fleuve jusqu'au confluent de l'Aube, tourne vers le Nord pour rejoindre la Marne, traverser ensuite l'Aisne et l'Oise. Elle se perd dans le plateau de Saint-Quentin et n'apparaît plus, au delà, qu'en quelques points qui jalonnent le restant du cercle et culminent à la source de l'Epte dans le pays de Bray et aux sources de la Sarthe et du Loir, à la lisière d'une contrée accidentée, s'inclinant dans la direction du Mans. Malgré ses lacunes, cette ligne de crêtes interposée entre la bordure et la médiane, offre encore de bons appuis.

En somme, le théâtre d'opérations du Nord présente trois zones défensives : deux sont enveloppantes et concentriques ; la troisième les coupe suivant un diamètre. Loin d'être indépendantes, elles ont des parties communes qui sont : 1º le confluent de l'Epte et celui du Loing, points d'intersection de la médiane et de la courbe intérieure ; 2º la région où le Loing et l'Yonne prennent leur source, qui touche au saillant du cours de la Loire et marque l'intersection de la médiane et de la bordure ; 3º le plateau de Saint-Quentin où la bordure se confond avec la courbe intérieure.

L'importance de chacune de ces zones se déduit du rôle que la nature leur assigne. Si pour pénétrer dans le théâtre d'opéra-

---

[1] *Paris et la Frontière nord-orientale.*

tions, il faut forcer la bordure, pour le posséder il faut s'emparer de la médiane. La courbe intermédiaire ne peut offrir qu'une position de halte pour la préparation du dénouement.

Si maintenant la vue s'élève afin d'embrasser l'ensemble du territoire, c'est la portion de la bordure comprenant la vallée de la Loire et celle de la Saône qui apparaît avec le plus de relief. On peut la considérer comme la charnière rattachant la région du Nord aux deux autres ainsi qu'au plateau central et comme le support de la médiane qui s'élève à peu près en son milieu. A ce double titre elle est un élément essentiel de la défense du pays et forme, avec la médiane, la base du système défensif propre à la région du Nord.

Depuis les temps les plus lointains jusqu'à nos jours, les villes des vallées de la Loire, de la Seine et de la Saône ont pris une part éminente et souvent décisive aux destinées de notre patrie. Quelques-unes n'ont jamais cessé d'être et resteront toujours des positions militaires de premier ordre qui doivent être fortement occupées. Telles sont :

Tours, déjà mentionné.

Orléans et, de préférence à cette ville masquée par une grande forêt, à la pointe d'un saillant trop prononcé, Gien, plus proche de l'origine de la médiane. « C'est la clef du bassin supérieur de la Loire; elle ouvre entre la Sologne encore en partie marécageuse et peu productive, et la Puisaye, âpre, coupée d'étangs, de landes et de bois, également pauvre en ressources, le plus court chemin de ce bassin à celui de la Seine. Elle flanque les abords du Morvan, éclairés et battus symétriquement à l'est par la forteresse de Dijon; elle prend à revers la grande forêt qui, au nord du fleuve, enveloppe et masque la position d'Orléans[1]. »

Dijon, déjà mentionné.

Langres, sur le faîte de partage du bassin de la Seine et du bassin du Rhône; « grande place de dépôt et pivot de manœuvres, dont l'action peut être très efficace pour appuyer les mouvements des armées qui manœuvrent entre la Seine, la Marne et la Saône et faciliter une concentration. » (Colonel Niox, *Géographie, France*.)

---

[1] *Paris et la Frontière nord-orientale.*

Paris, nœud vital qui, avec ses annexes de Moret, Meaux et Vernon, intercepte le cours de la basse Seine et, avec Gien, commande toute la médiane[1].

Théâtre d'opérations du Sud-Est. — Le deuxième, par ordre d'importance, il est le moindre en étendue. Il contraste entièrement avec le théâtre d'opérations du Nord. Les dépôts sédimentaires lentement étalés sous les mers anciennes, les plaines arrosées par des rivières paisibles, les longues ondulations font place aux terrains bouleversés par des commotions violentes, aux montagnes les plus hautes de la France et même du continent européen, aux gorges profondes érodées par des eaux torrentueuses. Le Rhône lui-même est un torrent qui, après avoir reçu la Saône, court presque en droite ligne à la mer. Sa vallée étroite encore est surplombée par la paroi du plateau central qui lui fournit des cours d'eau peu importants. Sur la rive gauche, les contreforts des Alpes, moins rapprochés, surgissent en épais et hauts massifs entre lesquels l'Isère et la Durance, avec leurs affluents, ont frayé leurs lits. Déviées par la convexité de la chaîne principale, ces deux rivières descendant en sens opposé, laissent entre elles le champ à des rivières plus petites : la Drôme, l'Eygues, l'Ouvèze...

Vu d'ensemble, le terrain se présente du côté de l'est sous l'aspect d'une surface conique adossée à l'arête des Alpes et profondément ravinée, tandis qu'à l'ouest il se relève comme un mur vertical crevassé par les torrents. Les monts des Cévennes, du Vivarais et du Lyonnais serrent de près la rive droite ; sur la rive gauche, au contraire, règne une lisière où l'on pénètre par les brèches que la Durance et l'Isère ont ouvertes dans les avant-monts des Alpes, après s'être gonflées des eaux de leurs bassins supérieurs.

Le Rhône sépare la région en deux parties bien distinctes. Large et toujours rapide, furieux dans ses crues, il n'a qu'un petit nombre de ponts. Il a fallu doter chaque portion d'un réseau de communications particulier ayant pour collecteur principal une ligne longeant chaque rive et aboutissant d'une part à Lyon et, de l'autre, à Tarascon-Beaucaire.

---

[1] *Paris et la Frontière nord-orientale.*

Pour aller de l'une à l'autre partie, pour entrer dans la région ou pour en sortir, il faut franchir le Rhône ou en suivre les bords ; il faut être maître de son cours.

Les intérêts régionaux se confondent donc avec les intérêts généraux du pays ; la vallée rhodanienne est un des éléments fondamentaux de la défense du territoire entier et, en même temps, la base de la défense de la région.

Lyon et Tarascon-Beaucaire en commandent les débouchés.

Théâtre d'opérations du Sud-Ouest. — Il est, comme le précédent, borné par de hautes montagnes, les Pyrénées auxquelles font également face les pentes du plateau du centre de la France. Mais ce n'est plus une simple fissure qui sépare les monts opposés, c'est une large vallée semblable à celles de la région du Nord.

Aux deux régions si différentes du Nord et du Sud-Est s'en juxtapose une troisième qui participe de l'une et de l'autre et réunit, dans un même cadre, leurs caractères distinctifs. Elle est véritablement leur trait d'union. L'unité de la France s'est faite à la faveur des grandes plaines de la Loire et de la Garonne : l'annexion du Languedoc a précédé celle de la Bourgogne et préparé celle de la Provence.

Le plateau central ne se termine pas ici par un versant abrupt, presque uniforme. Il s'étale en étages superposés, granitiques au sommet, puis calcaires et découpés par des cluses ; il court du sud-est au nord-ouest parallèlement au fleuve, mais à une assez grande distance de sa rive droite.

Les Pyrénées vont droit de l'est à l'ouest. Elles n'ont point, comme les Alpes, de puissants contreforts s'étendant au loin, à moins que l'on ne considère comme tel la chaîne des Corbières qui les relie au plateau central. Elles ne sont pas comme les Alpes divisées par des brèches profondes en massifs distincts ; elles forment une longue et haute Sierra échancrée par des cols dont l'altitude est généralement à peine inférieure de 500 à 600 mètres à celle des points culminants de l'arête. Elles ne s'abaissent assez pour donner passage aux grandes routes internationales et aux voies ferrées qu'à leurs deux extrémités.

Il semblerait que les eaux descendant de cette chaîne rectiligne dussent suivre, comme les affluents de l'Èbre sur le versant espagnol, des directions normales à la ligne de faîte. Il n'en est pas ainsi. Les cours d'eau qui s'épanchent dans la Méditeranée, à l'est des Corbières, coulent, en général, dans le sens des méridiens. Ceux du versant opposé jusqu'à l'Ariège, vont du sud-est au nord-ouest. Au delà de l'Ariège, ils groupent leurs sources dans une zone restreinte, entourant le pic du Midi de Bagnères et limitée par la ligne ferrée allant de Bagnères-de-Luchon aux Eaux-Bonnes, par Lannemezan, Tarbes, Lourdes et Pau. Elle est faite d'un amas de débris accumulés autrefois par des courants glaciaires aux pieds des sommets les plus hauts, supportant encore aujourd'hui les glaciers les plus étendus de la chaîne. Les rivières en sortent comme d'un même réservoir et viennent, en s'irradiant à travers ces terres meubles, aboutir à une ligne d'eau demi-courbe dessinée par l'Ariège, de sa source à son confluent, par la Garonne jusqu'au confluent de la Baïse dont le cours marque du Nord au Sud la médiane de ce segment hydrographique, puis par la Midouze et, enfin, par l'Adour jusqu'à son embouchure.

Les affluents issus du plateau central coulent parallèlement aux méridiens.

La Garonne, artère principale de la région, a creusé son lit du sud-est au nord-ouest, à l'exception de la partie supérieure comprise entre le confluent de la Neste et celui de l'Ariège ; mais le lit de l'Ariège continue le grand lit du fleuve de telle sorte que l'on peut dire qu'il va du sud-est au nord-ouest, en s'éloignant des Pyrénées pour se rapprocher de la Loire. Par son embouchure, il avoisine le seuil de Poitiers ; par la source d'un de ses affluents, l'Hers, il touche au col de Naurouze et, par là, au seuil de Montpellier. Sa vallée est donc la voie conduisant à l'abri du plateau central de la région du Nord à celle du Sud-Est ; à ce titre elle est, comme celle du Rhône, un élément fondamental de la défense du pays. Elle est aussi la base de la défense régionale. En raison de la direction générale de son cours, que prolonge parallèlement aux Pyrénées celui du canal du Midi, la Garonne est, d'une mer à l'autre, le plus grand obstacle et le seul continu que l'invasion rencontrerait au delà des montagnes.

Les rivières ou les torrents qui bordent les deux extrémités de la chaîne ne se prêtent qu'à des opérations isolées ayant pour but la défense rapprochée des passages de la frontière et ce n'est, non plus, sur les cours d'eau divergents s'interposant comme autant d'obstacles entre les Pyrénées-Orientales et les Basses-Pyrénées, que l'on peut fonder une combinaison défensive embrassant l'ensemble du versant pyrénéen. Le lien de la défense est la vallée même de la Garonne.

Mais cette grande dépression symétrique à celle de la Seine, par rapport à la ligne générale de pente tracée de la source à l'embouchure de la Loire n'a point, comme la vallée de la Seine, un centre où convergent les affluents. Elle a deux points principaux : Toulouse et Bordeaux. Le premier, opposé à la région du Sud-Est, est situé à l'intersection des trois segments hydrographiques caractérisés par la direction des cours d'eau. Le second, faisant face à la région du Nord, est proche du confluent de la Garonne et de la Dordogne, origine de son estuaire.

Acculée à la mer, isolée, pour ainsi dire, par le double courant de la Garonne et de la Dordogne et par les Landes, placée sur la branche la plus importante sans doute, mais non sur l'axe du faisceau des communications reliant la vallée de la Garonne à celles de la Loire et de la Seine, Bordeaux le cède à Toulouse en importance stratégique. En raison de sa situation géographique, Toulouse exerce une action prépondérante sur les routes convergentes des Pyrénées centrales et orientales, des Cévennes et des monts d'Auvergne; encore active mais moins efficace, sur les communications du bassin inférieur dont elle est séparée par de nombreux affluents transversaux de la Garonne.

Entre la zone des Landes et la contrée ravinée par les gaves, l'Adour et la Midouze ouvrent une voie plus facile aboutissant aux confluents de la Baïse et du Lot, à l'aval des affluents de la Garonne, sauf la Dordogne, à peu de distance d'Agen, station commune à la ligne Toulouse—Bordeaux et à celle Tarbes—Limoges, qui est l'axe des voies ferrées dirigées vers Paris. Bien qu'elle ne soit jalonnée que par des tronçons de chemins de fer, cette voie offre assez d'avantages à l'invasion pour ne pas être laissée sous la seule protection indirecte de Toulouse. Elle a besoin d'une défense plus rapprochée qui peut lui être assurée par la ville d'Agen.

Assises au milieu du bassin, sur sa grande artère fluviale, à une distance l'une de l'autre de 120 kilomètres environ, les places de Toulouse et d'Agen maîtriseraient les principales communications intérieures; elles observeraient les routes internationales

qui, à 150 kilomètres de la première ville et 135 kilomètres de
la seconde, longent les rives de la Méditerranée et celles de
l'Océan.

Les deux assises composant l'infrastructure de l'édifice sont
maintenant fondées ; elles englobent, avec le plateau du centre
de la France, les forteresses de Tours, Paris, Gien, Dijon, Langres,
Lyon, Tarascon-Beaucaire, Toulouse et Agen. Elles ont des parties communes, sortes de points de suture qui les raccordent, et
elles fournissent une base à la défense périphérique. Toutes les
parties du système sont donc solidaires, mais la cohésion s'accroît
de la circonférence au centre, comme dans une forteresse, des
postes avancés au corps de place. Les ouvrages de la frontière
ne doivent être, en effet, dans ce système, que des postes avancés.
Pour achever l'organisation du corps de place, il reste maintenant à examiner la question du réduit.

IV.

RÉDUIT ET PIVOT DE LA DÉFENSE. — CONCLUSION.

Il semble que la nature ait voulu marquer l'emplacement du
réduit dans le massif de granit auquel s'appuient les théâtres
d'opérations. Déjà, à deux mémorables époques de notre histoire,
aux temps de la conquête romaine et de la guerre de Cent ans,
il a été le noyau de la défense nationale. Nul doute qu'il ne le
devînt encore dans une circonstance analogue : sur les hautes
terres dominant à la fois les dépressions du Rhône, de la Loire
et de la Garonne, se concentreraient les suprêmes efforts de la
lutte pour l'existence. Cette pensée s'est manifestée dans la
transformation ou la création des forteresses de Lyon et de Dijon,
premiers anneaux de la chaîne qui devrait fermer les abords du
plateau central.
Mais le développement historique de la nation ne s'est pas fait
sur ces âpres et froids rochers, dans ces hautes vallées diver-
gentes d'où les hommes descendent comme les eaux. Elle a eu
pour berceau le bassin de la Seine ; elle a grandi, abritée par sa
multiple enceinte de coteaux, auprès du foyer où de communes
affinités rassemblaient les membres de la famille française.

Un terrain s'est rencontré là, appelé l'Ile de France, à la jonction de plusieurs vallées ouvertes dans tous les sens et largement pourvues des ressources nécessaires à une agglomération humaine. C'est le pôle attractif auquel se sont soudées les provinces, « c'est le point de convergence du système circulatoire » et de toutes les forces vives du pays.

Protectrice du foyer national, la petite Lutèce, assise dans une île de la Seine, est devenue la capitale d'un grand empire. Et comme en elle se résument, synthèse vivante, toutes les traditions, toutes les aspirations, toutes les espérances de la patrie; en elle aussi se concentrent tous les efforts, tous les moyens d'action offensifs et défensifs.

Les lois de la géographie et les leçons de l'histoire concourent à en faire un point stratégique de premier ordre, dont le rôle grandit encore avec le péril résultant de l'effondrement de notre frontière nord-orientale. Ainsi se justifie la nécessité des fortifications dont on l'a munie et l'importance qu'elle a prise dans l'organisation défensive du territoire. Elle en est non le réduit, mais le pivot.

Mieux approprié au génie de la nation et à la constitution du pays que le réduit, organe passif, ce pivot actionne le mécanisme, aidé dans la transmission de la force vive par des centres tels que Tours, Gien, Dijon, Lyon, Tarascon-Beaucaire et Toulouse-Agen.

Le système défensif a donc aussi ses pôles positif et négatif. On peut aussi le comparer à un organisme possédant une ossature solide et un réseau circulatoire, un moteur principal, et recevant de lui l'impulsion des moteurs secondaires qui la répartissent en tout sens. L'organisation défensive est une, comme la constitution physique du sol sur lequel elle est modelée.

Bien différents des secteurs indépendants entre lesquels se partagent nos frontières, les trois théâtres d'opérations composent un tout dont les éléments, solidaires, peuvent concourir à un but commun. Par où que pénètre l'invasion, elle se heurte à l'armature intérieure et, tout en attaquant l'un de ses points forts, elle doit se préoccuper de l'intervention des collatéraux. A l'inverse du mode actuel, elle voit s'élargir et se renforcer la base de la résistance. Au lieu d'une position centrale unique, limitée, d'autant plus facile à envelopper, elle trouve, derrière la frontière, un ensemble d'obstacles naturels et artificiels combinés pour se prêter un mutuel appui et diviser son attention, ainsi que ses forces.

L'attaque se dilate et se désunit, tandis que la défense se concentre et s'unifie.

Tel est le but de la présente étude; mais il faut considérer que le groupement des forces, l'unité dans l'action défensive dont l'oubli a été si funeste dans la dernière guerre, exerce encore une grande influence sur l'action offensive.

Le pays qui a su rassembler et coordonner ses moyens de défense est d'autant mieux préparé pour l'attaque.

Paris. — Imprimerie L. BAUDOIN, 2, rue Christine.

PARIS. — IMPRIMERIE L. BAUDOIN, 2, RUE CHRISTINE.